Meilleures Félicitations au futur Papa

Ma réaction et mes pensées quand j'ai appris que
j'allais être Papa :

La réaction da ma famille , mes amis et mes collègues:

Comment Nous avons fêté cette bonne nouvelle?

Comment je vis cette belle expérience au quotidien ?